AF498159

HISTOIRE DU VIROU

—

HISTOIRE DU VIROU

LE MONASTÈRE

Sur la route de Saint-Savin à Blaye, à mi-chemin de cette dernière ville, en face de Saint-Girons, le touriste s'arrête involontairement et regarde. Il aperçoit une ceinture de murs, hauts de dix pieds, longs de trois mille huit cents mètres et qui enclosent un magnifique domaine de quatre-vingt-dix-sept hectares d'étendue. C'est le Virou, propriété de M. André Delbos, de Paris.

Grâce à M. Jules Robert, l'affable et dévoué régisseur du Virou, j'ai pu visiter ce beau domaine et même y passer quelques délicieux instants.

Le Virou a une histoire, une vieille histoire, très captivante, que je veux vous conter, car j'ai pu la reconstituer entièrement, à l'aide de papiers de famille et de vieux parchemins que M. André Delbos a bien voulu me confier.

Le Virou fut, en effet, un monastère d'hommes jusqu'à la Révolution Française.

Le saint Dézert du Virou a été fondé en 1638.

Au moyen âge et pendant les temps modernes, il y avait, au Virou, un château féodal qui appartenait aux sires de Gourgues. Ce château a été entièrement démoli par les moines et il n'en reste rien, mais on peut très facilement déterminer son emplacement, d'après un vieux plan de 1702, qui existe encore dans le château actuel du Virou.

L'ancien château des sires de Gourgues s'élevait, à flanc de coteau, au nord de la terrasse actuelle, près de l'allée qui conduit à la porte de Saint-Girons.

Fondation du monastère. — Je lis ,dans la légende du dit plan de 1702 : « L'hermitage des révérends pères Carmes déchaussés, situé dans le territoire de Blaye en Guienne, à 45° 30' de longitude et à 18° 30' de latitude. Ce pieux lieu fut fondé en 1638 par Messire Jacques de Gourgues, conseiller du Roy et aumosnier ordinaire de Sa Majesté et Marie Duvigneau, veuve de feu Armand de Gourgues, lesquels cédèrent leur château du Vuirou et leurs appartenances pour cet établissement du susdit ermitage du Vuirou.»

Le 14 avril 1639, l'archevêque de Bordeaux autorise l'établissement du Dézert, ainsi qu'il résulte d'un vieux parchemin illisible avec le cachet de « Monseigneur de Bourdeaux » et qui porte au verso :

« Permission de Monseigneur de Bourdeaux, pour l'établissement du Dézert ».

23 mars 1640. — Enregistrement des lettres patentes du Roy Louis XIII, au bureau des finances de Guienne et acceptation par le Roy du don fait par messire de Gourgues.

Je mentionne, en passant, un vieux parchemin de 1617, malheureusement incomplet, où il est question de la famille de Gourgues, et notamment de « messire Armand de Gourgues, conseiller du Roy et avocat au Parlement de Bourdeaux et de Périgueux, de la maison noble de Laforest, de la parroisse de Saint-Girons ».

Les lettres patentes accordées par Louis XIII furent confirmées par Louis XIV, d'abord en « fébriet » 1658, puis en décembre de la même année. Je lis dans le deuxième parchemin : « Louis par la grâce de Dieu, Roi de France et de Navarre. Salut. Nos bien amez et devots orateurs religieux réformés de Nostre Dame du Mont-Carmel, vulgairement appelés Carmes déchaussés..... »

Et au dos, de la main des moines, ceci : « Lettres patentes du roi, qui nous descharge du paiement des lots et vente et du droit d'amortissement pour la vente du bois faite pour la construction de l'église du Vuirou ».

Construction du monastère. — Les révérends

pères Carmes déchaussés se mirent aussitôt à l'œuvre et firent construire leur monastère. Il ne reste plus rien aujourd'hui de cet ermitage, si ce n'est un mur intérieur du château actuel de M. Delbos ; tout a été démoli et je le regrette infiniment, comme historien. Cependant, voici un vieux plan de 1712, qui est très curieux et dont je transcris la légende presque en entier :

« Plan du dézert des révérends pères Carmes déchaussés du couvent du Vuirou, fait le 1er décembre 1712 : 1 L'église ; 2 Les deux chapelles ; 3 L'oratoire ; 4 La sacristie ; 5 La bibliothèque, au premier étage, dans le clocher, sur la voutte du cloître; 6 Le lavoir proposé à faire sur la voutte du cloître ; 7 Le réfectoire proposé à faire ; 8 La cuisine à costé du réfectoire et décharges et bûcher et trois cellules propozés pour les frères ou domestiques ; 9 La salle de la conférence ; 10 La salle de la roberie ; 11 Les cellules pour les frères seront des caves vouttées au-dessus et des bûchers à tenir le bois ou l'on pratiquera aussi un escurie et un grenier à foin, le tout, du mesme côté de la vue et du midy; 12 Cellules propozés pour les pères ; 13 La chapelle pour les estrangers ; 14 La chambre du portier ; 15 La chambre et antichambre pour les estrangers, à la gauche de la porte d'entrée; 16 Les corridors propozés à faire ; 17 Escalier pour descendre au jardin ; 18 La porte d'entrée du costé du couchant ; 19 Autre porte propozée du costé du couchant, pour aller au « vieux château » ; 20 Cours à droite et à gauche de l'église, qu'y pourront servir de parterre à fleurs ; 21 Corridor propozé pour sortir du costé du levant pour aller au château et dans le verger ; 22 Costé du jardin et parterre à estoile, du costé du midy ; 25 Et le costé du couchant ; 26 Et le costé du nord ou septentrion.

» Plan finis à Blaye le 18 décembre 1712.

» Touroudel, ingénieur. »

Ce plan est précieux ; il permet, avec un peu d'imagination, de reconstruire le monastère et d'évoquer sa silhouette massive et imposante. C'était un rectangle d'environ cent vingt-cinq mètres sur cent mètres, bâti sur la terrasse. Au milieu du cloître, il y avait une grande cour ombreuse, silencieuse et fraîche, plantée d'arbres centenaires, une grande cour propice à la méditation et à la prière. Tout autour du cloître, on remarquait des jardins extérieurs et des parterres pour les révérends pères. Les cellules des moines se trouvaient sur les bas-côtés. Le « Saint-Dézert » comprenait également de nombreuses dépendances (granges, écuries, lavoir, cuisine, réfectoire, chai, chambres des serviteurs, etc.).

Le mur du « Saint-Désert ». — Les pères Carmes déchaussés voulurent que la solitude du « Vuirou » devînt un véritable désert. A cet effet, ils firent construire, autour de l'immense domaine, un mur haut de dix pieds et long de trois mille huit cents mètres, qui forme un heptagone irrégulier. Ce mur était percé de quatre grandes portes qui existent encore (porte de Belle-Brune ou de Saint-Christoly ; porte du Cocut ou de Berson ; porte du Montilh ou de Blaye ; porte de Saint-Girons). Il y avait également plusieurs petites portes qui ont été murées.

Cette muraille séparait les Carmes du reste du monde ; nul ne pouvait pénétrer dans l'enceinte du « Vuirou » sans leur permission.

Le Saint Dézert en 1702. — Autour du monastère, il y avait, dans l'enceinte murée, des terres cultivées, et notamment un enclos de vignes, puis on rencontrait des bois de pins et de chênes, des landes et des brousailles. Disséminés dans les bois, se trouvaient cinq ermitages : ermitage de saint Jean-Baptiste ; ermitage de saint Marion ; ermitage de saint Ellie ; ermitage de sainte Thérèze ; ermitage du frère prieur Jean de la Croix.

Le vieux château des sires de Gourgues existait encore, ainsi que la vieille église, dont la façade regardait l'allée qui aboutit à la porte de Blaye ou porte du Montilh. Elle était bâtie non loin de la dite porte.

La vie des Carmes déchaussés au Virou. — Il n'est pas impossible d'évoquer par la pensée la vie et les occupations favorites des révérends pères du très « Saint-Dézert ».

L'ordre des Carmes était, en effet, un ordre mendiant, fondé en Syrie au mont Carmel (d'où son nom) par un croisé de la Calabre, nommé Berthold.

Son but était de propager le culte de la vierge et la dévotion au scapulaire du mont Carmel. Cet ordre religieux fut introduit chez nous par saint Louis et protégé par Philippe IV le Bel.

Il se divisa ensuite : 1° en Carmes mitigés ou conventuels ; 2° en Carmes observantins ; 3° en Carmes déchaux; 4° en Carmes tierçaires.

Les Carmes déchaux ou déchaussés embrassèrent la réforme de sainte Thérèze et de saint Jean de la Croix (1564); puis, les nouveaux Carmes furent affranchis de toutes dépendances envers l'ancien ordre par Clément VII, formant ainsi un ordre absolument à part.

Avant la Révolution Française, les Carmes possédaient trois couvents à Paris, un autre à Bordeaux, qui était la maison-mère du monastère du Virou. A Bordeaux, le couvent des Carmes déchaussés était situé aux Chartrons, entre le Château-Trompette et le couvent des Chartreux, face au fleuve.

La règle monastique. — L'ordre mendiant du Mont-Carmel avait une règle très sévère qui prescrivait de se lever pendant la nuit, l'abstinence perpétuelle, un jeûne rigoureux, le silence et la pauvreté. Cette règle fut un peu adoucie pour les Carmes déchaux.

Le costume.— Cependant, les moines du Virou s'étaient engagés « à porter pour toute chaussure des sandales de cuir, un manteau brun et un capuce blanc, à se lever à minuit pour dire la messe, à jeûner fréquemment et à s'abstenir de viande toute l'année ». (1)

Ils avaient, d'autre part, la tête rasée avec une couronne de cheveux autour du crâne.

Parchemins laissés par les Carmes déchaussés du Virou. — Les révérends pères du « Saint-Dézert » ont laissé un certain nombre de parchemins précieux qui sont maintenant entre les mains de M. André Delbos et que j'ai dépouillés avec un vif intérêt.

Voici d'abord deux arrêts de Louis XIV, sur la chasse :

1669.— 6e septembre.— Arrest du Roy contre la chasse. Un arrêt du Parlement de Bordeaux avait été obtenu par le « scyndic des pères Carmes déchaussés du couvent du désert du Virou en Blayois ». Cet arrêt n'ayant pas été respecté par les particuliers qui ont chassé avec chiens et armes à feu « dans l'enclos et estendue du dit

___

(1) Nouveau Dictionnaire Larousse illustré.

désert », défense est faite par sa Majesté de chasser sans la permission des Carmes « à peine de désobéissance, de 3000 l. d'amande aplicable moitié à l'hospital de la manufacture et l'autre moitié à la réparation du dit désert ».

« Faict à St-Germain en Laye le 6e jour de septembre 1669. Louis. »

30 juillet 1670. — Arrest du Roy contre les officiers de Blaye. — Les officiers de la garnison de Blaye n'ayant pas tenu compte de l'ordonnance de 1669, sa Majesté leur défend de chasser sans le consentement des Carmes et édicte les mêmes peines.

« Faict à Saint-Germain en Laye le 30e jour de juillet 1670. Louis. »

Ces deux parchemins sont revêtus du sceau royal.

Voici quelques contrats de vente, d'achat et d'échange :

20 avril 1701. — Contrat d'échange de quelques pièces de terre fait avec Me Valade, notaire, beau-père de M. le Moine, qui possède aujourd'hui les pièces échangées. « Il nous doit le terrain nécessaire pour l'échafaudage lorsqu'il est besoin de réparer le mur de son côté et donner l'égout de nos eaux ».

1701. — Copie collationnée de l'échange pour la muraille de l'enclos du 20 avril 1701.

1701. — Commuation pour Marie Eymeri d'une petite pièce de terre aux Piquets, paroisse de Cars.

3 juillet 1715. — « Contrat de vente consanty par Messire Romain, seigneur Dalon, en faveur de la communauté du Virou des fonds situés au Mayne Montilh pour 4000 livres.» Je relève dans le contrat les noms suivants : Révérend père Dosithée, de la Conception, procureur syndic ; frère Félix de saint Augustin, provincial ; frère Grégoire de saint Ellie, prieur du couvent du « Désert » ; frère Philibert ; frère Narcisse de saint Dominique, sacristain.

1745. — Achat par les révérends pères de deux journaux au Mayne des Vesques.

Baux à ferme. — 25 juin 1775. — « Bail à ferme pour neuf ans, à Jacques Marcellot, du Mayne Pierre-Brune ou Champ-des-Vignes (3 journaux 49 carreaux), plus deux journaux et demy à la Gorse, proche le Marquizat », pour 20 livres par an.

21 mai 1784. — Deuxième bail à ferme pour les mêmes terres. Le nouveau fermier s'appelle Jean Pelletan, de Cocu, pour la même somme.

A cette époque, notons deux révérends pères : 1° Damase de sainte Thérèse ; 2° Anthoine de Jésus, vicaire de la communauté du Dézert du Virou.

1771. — Extrait des registres du Parlement de Bordeaux :

« Procès devant le Parlement de Bordeaux.

« Marguerite Duvergier, veuve de messire

Jean - Etienne de Laffaye d'Ambezac, dame de Polignac et Jussas en Saintonge et de la maison noble du Boisset, demande 12 deniers tournois d'exporte, 4 livres 7 sols, 4 deniers tournois, 12 cartons froment, 2 cartières avoine, 12 cartons seigle, 8 chapons, 6 poules et une journée à bœufs et charrette, le tout de cens et rente annuelle et perpétuelle pour le Mayne du Monthil, paroisse de Berson, contenant 110 journaux. »

Marguerite Duvergier attaque le syndic des pères Carmes et tenanciers et consorts, notamment François Raboutet ; elle fait appel d'une sentence du sénéchal de Guienne (août 1769). Elle demande aussi la restitution du terrier de la maison et seigneurie du Boisset. (1)

Le procès fut perdu par la seigneuresse, mais le révérend père Blaize de Saint-Elyzie, « sindic du couvant » fut condamné à remettre le terrier de Boisset entre les mains de Marie Duvergier.

Revenus des Carmes. — M. André Delbos possède également un manuscrit très intéressant du XVIIIᵉ siècle, mais sans date. C'est un « Etat des revenus de la communauté des religieux Carmes du Virou, appellé Au Saint-Dézert, paroisse de Saint-Girons en Blayès ». Voici ce document :

----

(1) Le château de Boisset existe toujours en parfait état de conservation. Il est situé commune de Berson. (M. Favereau, propriétaire.)

†

J.-M.

RECETTES

1° Nous recueillons, année commune, 28 tonneaux de vin, dont le tiers rouge et le reste
blanc, évalué, année commune, le rouge 32
écus et le blanc 22 ; monte...... 2280 liv.

2° Année commune, on fait dans le
clos, 2500 fagots non fessonnat
à 11 livres, pris sur les lieux et
2000 fagots bourrées à 5 livres pris
sur les lieux ; monte............ 375 »

3° La métayrie du Montil nous produit
en grain et vin, année commune. 225 »

4° La métayrie du Terrier, paroisse de
Saugon, produit en grain et profit de bestiaux, année commune.. 95 »

5° Un moulin à vent et le petit bour-
dieu, joignant dans la lande, produit, année commune, en seigle,
froment et argent............... 150 »

6° Agrières et rentes, dans les pa-
roisses de Cars, Saint-Martin,
Saint-Girons et Berson......... 350 »

7° Rentes constituées en notre faveur. 337 »

Total....... 3812 liv.

Nous n'y comprenons point celle de 125 livres
que doit Pagaud; il y a 21 ans qu'il n'a pas payé
et dispute être débiteur, ni celle de Cominge de

5o l. par an ; il est devenu insolvable, puisqu'il demande l'aumône tous les jours, ni celle de Mme de Cars de 25 l. ; nous n'en avons aucune nouvelle.

DÉPENSES

1° Pour les fraix de culture de 35 journaux de
vigne, faits à notre main........ 420 liv.

2° 8 douzaines de barriques à 100 l.
la douzaine.................... 800 »

3° Frais de vendanges .... 200 »

4° 48 bouviers pour conduire le vin à
Blaye........................ 135 »

Total....... 1555 liv.

5° Pour la façon des fagots......... ... »

6° La métayrie du Montil est chargée
d'une rente, qui se monte année
commune, en argent............ 25 »

7° Pour réparation de la métayrie, au
moins .... 25 »

8° Pour réparation de la métayrie du
Terrier .... 25 »

9° Pour réparation du moulin ; cette
année, nous y avons employé 20
écus, mais annuellement........ 30 »

10° Messes pour nos fondateurs et
autres personnes.............. 600 »

Total des dépenses (non compris la
façon des fagots, dont le chiffre
manque)..................... 2260 liv.

Séverin, syndic.

La Révolution Française. — Inventaires des biens des Carmes déchaussés. — La Révolution Française de 1789 éclate ; le vent souffle en tempête et emporte l'ancien régime, tel un fétu de paille. L'Assemblée Constituante supprime les vœux et disperse les ordres religieux. L'inventaire fut fait dans tous les monastères. Il eut lieu au Virou en 1790, par les soins de la municipalité de Saint-Girons.

M. André Delbos possède, dans les archives de son domaine du Virou, la « copie du verbal fait au Virou. Commencé le 22 may 1790 et fini le 29 may 1790 ; signé par le maire Riquet (n° 10) ». C'est un document historique très curieux, qui vaut la peine d'être publié *in extenso*. Le voici.

Copie du verbal du Virou dont l'original est au district de Bourg :

« Aujourd'hui 22 may 1790 au matin, nous Pierre Riquet Bourgeois maire de la municipalité de Saint-Giron en Blayois assisté du sieur Clément Constolle officier municipal en présence de Jean Maynard procureur de la commune de la municipalité en vertu des décrets de l'assemblée nationale du 20 Mars dernier 14 et 20 avril aussi dernier, lettres patentes donnée a Paris le 22 Avril aussi dernier signé Louis et plus bas par le Roy de Saint-Priest vù au Conseil Lembert et sellée du seau de l'Etat ordonnence de MM. les commissaires du Roy pour la formation du département de Gironde en datte du 5 de

ce mois, signée le comte de Fumel — P. Sers
et Gilbert Désobinau, nous nous serions transporté au couvent du désert du Virou, appartenant au père Carme dechaux ou la Etant en compagnie de Jean Guichard secrétaire pris par la
municipalité pour cette opération seulement,
nous nous serions adressé au père Pierre de
Jésus prieur du dit couvent afin de nous mettre
en évidence tous les titres et autres effets dépan-
dant généralement de la dite communauté afin
de dresser état et procès verbal des dits effets
titres et papiers en conformité des décrets ci-
dessus énoncés le dit père Pierre déférent a notre
mission, a de suite et en présence des pères Ful-
geances de Sainte Thérèse sous prieur George
de Sainte Thérèse syndic, prêtre de la dite communauté, et aussi en présence des frères Jacinte
et Philibert, présent au dit berbal dirigé de la
manière suivante.

» Premièrement étant entré dans une chambre
ou sont contenus les archives, on nous a étably
un acte de fondation du dit couvent, datté du 30
septembre 1638. Faite par monsieur de Gourgue
signée Doantlap, nre Royal, ce qui forme aujour-
d'hui une comunauté composée d'une église
avec plusieurs bâtiments cloîtres, onze chambres
pour les religieux, deux chambres d'ospitalité,
une infirmerie, salle de refectoire, cave et autres
bâtiments, cuisine, grange, parc à bœuf et écu-
rie, le tout à l'usage de la dite communauté,

contenant des possessions territoriale en la présente municipalité, treize journeaux douze careaux terre labourable sept de vieille vigne neuf
journeaux sept careaux de prés et paturage
quatre-vingt-dix journeaux 62 careaux en bois
taillis et lande, douze journeaux 17 careaux en
chaume et pignadas. Epars dans la municipalité
de Berson, contient en posssession trente deux
journeaux 17 careaux terre labourable, vingt
quatre journeaux 68 careaux vieille vigne trois
journeaux 6 careaux jeune vigne plantée quatre
journeaux 37 careaux prés pacage dix journeaux
en bois taillis, trente neuf journeaux 26 careaux
en chaumes, landes, pignadas Total des dites
possessions 246 journeaux 26 careaux. Toutes
les quelles possessions sont entourées de mur
de cloture d'environ dix pieds de hauteur,
les quels murs de cloture sont percés par trois
grands portails et quatre petites portes au couchant duquel enclos et une chapelle appelée du
Montil dans les quelles totales possessions n'est
pas compris les chemains et grandes allées ou
dit enclos même dix pieds qui sont cultivés en
dehors de mur de cloture.

» Plus, nous a été représenté un acte d'achat
fait par la dite communauté de M. Dalon, en
date du 3 juillet 1715, retenu par Dufaud, cola-
tionné par Séjourné et Desput, notaires à Bordeaux.

» D'une métairie composée de batiments nécessaire au métayer, parc à bestiaux, et contient en possession cinquante journeaux 27 careaux savoir : 33 journeaux 3 careaux terre labourable 4 journeaux 31 careaux vignes 8 journeaux 52 careaux prés, quarante careaux bois taillis 3 journeaux 13 careaux paturages cette métairie est dans la municipalité de Berson plus 3 journaux de terre en chaume a fermée 18 l. par an.

» Plus il nous a été étably un acte de ferme d'un moulin à vent avec 22 journeaux de lande en date du 22 mars 1785 retenu par Bousquet n^{re} royal afermée par année 270 l.

» Plus nous a été représenté un acte de ferme d'une métairie appellé de Terrier situé dans la communauté de Saugon en Blayais en date du 13 novembre 1783 retenu par Bousquet, affermé par an 150 l.

» Plus nous a été représenté treize livres Terrier vieux et nouveaux, contenant plusieurs reconnaissances de diverses dattes retenu par Jannet, Périneau, Pireteau, Pelletan, Morin, Dureau, Campt, Allibert et Fradet notaires royeaux, les autres n'ayant pu reconnaitre les noms des rédacteurs par lesquels titres et reconnaissances il parait étably que année commune il est dû en rente seigneuriale agrières appartenant à la dite communauté sur la paroisse de Berson en rentes de 150 l. en agrières affermées 20 l. sur la paroisse de Saint-Giron rentes 95 l. agrières affermées 86 l. sur la paroisse de Cars

rente 90 l. agrières affermées 400 l. sur la paroisse de Saint-Martin rentes 17 l. sur la paroisse de Saint-Romain de Blaye 7 l. sur la paroisse de Saint-Christoly rente 8 l.. Total des dites rentes et agrières montant à 875 année commune sur la déclaration qui a été remise à la municipalité de Blaye dont la date sera cy après établie.

» Plus a été établie un contract de rente constitué due par la maison de la Fosse possédée par le sieur de Calmel en datte du 14 septembre 1733 retenu par Dureau, notaire, au capital de 2000 l. payant annuellement cent livres par année.

» Plus a été étably autre contract de rente constituée de 32 l. par année consenty par Jean Guérin juge de Saint-Savin dont M. Bacon de Gourdet et chargé sur l'acte du 23 novembre 1730 retenu par Dureau au capital de 640 l.

» Plus autre acte de rente constituée de 60 l. par année consenty par le sieur Jean Pelletan de Lamensseau en date du 13 mars 1714 devant Métayer notaire au capitale de 1200 l. cette rente est servie par M. Duranteau.

» Plus déclare retirer sur M. Laville directeur des postes au lettres de Bordeaux 25 livres de rente établie par obligation sous signature privée en date du 23 août 1784 de pozée chez Truysau et Fatin notaires à Bordeaux.

» Plus nous a été étably un acte de rente constituée due par renouvellement au père du Virou au 19 juin 1719. Retenu par Dureau la somme de

45 1. au capital de 900 1. du par le sieur Chatenet.

» Plus un autre acte de rente par Claude Cominge par acte du 13 juillet 1728. Devant Dureau notaire au capital de 400 1. cette rente a été réduite par des remboursements avec capital de 400 1. qui paye annuellement 20 1. et actuellement acquitée par Jean Bernard cordonnier à Berson.

» Plus, ont étably qu'ils reçoivent conjointement avec la maison du couvent de saint Louis de Bordeaux sur le trésor Royal de Paris 80 1. pour liquitdation de 5400 1. de billets de banque, la présente communauté ne retire seulement que 72 1. par année tous ces articles cy dessus produisent 350 1.

» De sorte qu'après la vérification des objets cy dessus il paroit étably que le revenu des terres et des enclos de la dite communauté sont année commune à 3000 1. que la métairie des Terriers est affermée 150 1. que la ferme du moulin est à 270 1. que les chaumes afferme 18 1. que les rentes agrières s'élèvent à 873 1. et enfin les rentes constituées sont de 354 1. de manière que tout résumé et additionné les revenus de la dite communauté année commune sont en total de la somme 5215 1. ayant été étably et que nous avons vérifié mot à mot sur pareille déclaration qui a été fournie par les dits pères Pierre et Georges à la municipalité de la ville de Blaye ainsi qu'il est fait mention au bas de la déclaration daté de Blaye le 25 avril dernier signé Chéry et Corentin maire et Taisson comme greffier.

» Dans la même chambre ou nous sommes, le dit père Pierre nous a montré un cabinet à deux portes de plusieurs espèces de bois bien ferré et ferment à clef dans lequel sont les archives cy devant étably au présent avec plusieurs acte que nous n'avon jugé nécessaire détablir au dit verbal dans la dite chambre est un lit garny de ses rideaux couvertes et matellas tel quels.

» Et dans la chambre, n'ayant plus rien à établir, nous aurions passé dans six chambres de religieux actuellement occupées, les uns après les autres les ayant trouver meublés selon l'institut de l'ordre.

» Desquelles chambres des religieux nous aurions passé dans deux chambres dittes hospices ouon nous a étably trois lits garnis de leurs rideaux courtes pointe matelas et couvertes tel quel une douzaine de chaises demi neuves deux paires de chenets deux paires de pinces et une pelle à feu.

» Desquelles chambres d'hospice serions passés dans un petit local en forme de bibliotèque dans lequel s'y est trouvé une colection de livres de théologie de morale et d'histoire sacrée et de piété au nombre de 500 volumes, gros et petits vieille reliure, tant en parchemin que veau.

» Plus, dans une chambre s'y est trouvé un

cabinet dans lequel est renfermé 4 couverts d'argent 2 cuillères à potage aussi d'argent 15 douzaines de serviettes commune et fine 15 paires de draps de lit 8 napes grandes et petites le tout à l'usage de la maison.

» Du dit lieu avons passé à la cuisine où il s'y est trouvé quelque ustencile de cuisine de moyenne valeur dont partie a besoin de réparation et qui servent à l'usage de la communauté de la cuisine avons passé à la sacristie ou il s'y est trouvé quatre calices d'argent, un petit ostensoir qui s'adopte au pied d'un des calices, un ciboire d'argent, un assensoir en cuivre, 20 aubes, six Rochets, 2 chapes, dix-huit chasubles, a pouvoir servir. Le tout en fil qu'en laine, seize napes d'hotel quatre douzaines d'assiettes deux missels ayant de la passé à l'église avons trouvé les hotels garnis en chandeliers de bois de la dite église avons monté au clocher ou il y a une cloche de moyenne grandeur ensemble un vieux et mauvais orloge étant dérangé depuis plusieurs années.

» Du dit clocher avons passé dans la fournière il s'y est trouvé une chaudière avec son serpentin a faire eau de vie ensemble une grande chaudière a lessive cuivre rouge.

» De la fournière avons passé au parc a bœuf ou il s'y trouvé une paire de bœuf avec toute les outils aratoire 2 charettes ferrées pour l'usage de la dite communauté.

» Tout ce qui s'est trouvé au dit lieu de la communauté dite le couvent qui nous est paru propre a être étably au verbal, en conséquence nous nous serions transporté de suite au chay et cuvier au nord du dit couvent ou il si est trouvé 4 cuves de moyenne grandeur l'une desquelles presque sans cercle et deux pressoirs à vis deux foulloires 10 douillats a faire vin et autres petits ustencilles de chay le tout a l'usage des vendanges de ladite communauté plus si est trouvé 12 vieilles barriques pour la piquette.

» Du chay et cuvier nous nous sommes transporté a la métairie appellée du montilh ou il si est trouvé 2 paires de bœufs une paire de vache le tout gardé a moitié perte et profit par le métayer.

» Et attendu qu'il est l'heure de six heures de relevée nous avons clos la présente séance et avons renvoyée la continuation après la séance des assemblée primaire tous lesquels effets cy dessus étably ont été laissé a la disposition de la dite communauté pour en jouir selon l'usage et en rendre compte et qu'il sera ordonné arrété le dit jour et ont les dits pères et frères signé avec nous ainsi signé a l'original Riquet maire, Constolle officier municipale, F. Pierre, prieur. F. Fulgence. F. Georges Sindic. F. Hyasintes. F. Fhilibert et Guichard secrétaire greffier.

» Advenant le 29 du dit mois de may nous Riquet maire. Constolle officier municipal en présence du procureur de la commune en compagnie du dit secrétaire greffier nous serions transporté en la dite communauté du Virou aux fins de continuer le verbal sus commencé, arrivé a la dite communauté nous avons trouvé le père Pierre prieur ainsi que tous les autres religieux prêtres et frères assembles les ayant interpelles de nous représenter les livres compte de la dite communauté ce fait défférant a notre demande le dit prieur en présence de la dite communauté nous a étably les dits compte de recepte et dépence ; après les avoirs éxaminés et calculés depuis la vizite du 20 Juin dernier. Jour que le provincial de l'ordre de la dite communauté a arreté et vérifié les dits comptes dè luy signé de manière que la dépense se trouve monter d'après l'examen à 8470 l., 16 sols, 6 deniers et La recette d'après le même examen est de 7041 l., 9 sols de sorte que la dépense excède la recette de la somme de 1421 l., 7 sols, six deniers que la dite communauté doit pour ces article seulement.

» Plus il a été veriffié sur deux petits livres journal l'un dit du boulanger pourvoyeur de la maison l'autre dit des marchands Gresseux se trouve monter savoir le boulanger ce 781 l., 14 sols, 9 deniers et le Gresseux a 470 l., 11 sols, 6 deniers lesquelles jointes ensemble forme celle de 1248 l., 6 sols, 3 deniers.

» Plus est du aux domestiques 115 l.. ce qui

forme en total de ce qui est du a la dite communauté le tout réuny ensemble en dette la somme
de 2792 l.. 13 sols, 9 deniers.

» De cette opération nous interpellé de nous
établie les créances de la dite communauté. Le
dit prieur nous a présenté le livre de la maison
laquelle se trouver en créance tant en arrérages
de rente foncières constituée vente de fagots
ferme du moulin et métairie qui sont arrière
jusqu'a ce jour sur divers particuliers calcul fait
au montant a 1026 l.. 14 sols.

» Lesquels comptes sont demeures pour la suite
des traveaux affaire ordinaire et usage de la dite
communauté pour être continuer aux formes
ordinaires après avoir été arrêté, vérifié et paraf-
fé par nous maire officier municipal et secrétaire
greffier.

» Cette opération ainsi faite ayant procédé a
la vérification de la culture depocession tant du
dit enclos que hors de luy après un examen gé-
néral nous avons trouvé la culture de toute
espère de denrée cultivée selon l'usage du pays,
c'est-a-dire de terre vignes et prairies qui avaient
coutume d'ètre cultivée.

» Revenons à la dite communauté nous avons
interpellé tous les religieux prêtres et frères les
uns après les autres pour nous dire leur nom et
age s'ils désirent rester en communauté ou se
retirer ayant commencé par le premier lequel
nous a dit se nommer Pierre de Jésus dit dans

le monde Léonard Dufourg natif du diocèse de Clermont en auvergne être agé de cinquante deux ans révolus déclaration vouloir se réunir a la maison qui lui sera assignée se réservant cependant de profiter des avantages portes par les décrets de l'assemblée nationale s'il y a lieu.

» Interpellé le sous prieur lequel nous a dit se nommer Fulgence de Sainte Théréze nommé dans le monde Jean Jacques de Lantaulh natif de Beaulieu en Limousin être agé de quatre vingt quatre ans révolue même réserve que le premier.

» Interpellé le Sindic a dit se nommer Georges de Sainte Thérèze dit dans le monde Jean Cosme Beziat être agé de soixante deux ans révolus natif de la ville de Bordeaux même réserve que le prieur.

» Interpellé frère Hyacinte de Saint Joseph dit dans le monde Joseph Bahouger être agé de quarante neuf ans révolus natif de Bordeaux être frère converts même réserve que le prieur.

» Interpellé frère Fhilibert de la présentation dit dans le monde Joseph Brousse natif du diocèse de Limoge agé de trente deux ans révolus être frère convert même réserve que le prieur.

» Tous lesquels religieux assembles nous ont déclares que la dite communauté est chargée de 5oo messes de fondation annuelles n'avoir d'autre charges que les imposition ordinaires de communauté.

» N'ayant plus rien trouvé de propre a établyr au présent verbal, nous l'aurions clos et arrété : ayant laissé tous les articles cy dessus a la surveillance des dits religieux pour en jouir ainsi qu'il est d'usage afin de répondre de tout dans l'état qui sont sauf l'usage ordinaire duquel verbal a été faite les copies requises et nécessaire une des quelles acte remise au dit prieur signée de tous les religieux prêtres et frères ainsi que du maire, officier municipal procureur de la commune et secrétaire greffier.

» Fait clos et arrété le dit Jour, vingt neuf may 1790 après midi signé a l'original Riquet maire. Constolle officier municipal, F. Pierre prieur, F. Fulgence, F. Georges Sindic, F. Hyacinte, F. Fhilibert et Guichard secrétaire greffier ».

Cette copie est de la main de Riquet, maire.

Vente du Monastère du Virou. — Le 5 mars 1791, le monastère du Virou fut vendu aux enchères publiques par le district de Bourg. M. Jean Delbos, négociant à Bordeaux, fut déclaré adjudicataire pour la somme de deux cent quarante et une mille livres.

LE DOMAINE

Les Delbos au Virou (1792-1859). — Depuis la Révolution Française, l'ancien monastère a toujours appartenu aux Delbos, une très ancienne et très honorable famille dont je parlerai bientôt. En 1793, le citoyen Jean Delbos, arrêté comme suspect, est emprisonné à Bordeaux ; il parvient à s'échapper et vient se cacher et se faire oublier au Virou, avec sa jeune femme et ses enfants.

Le 11 ventôse 1799, le citoyen Jean Delbos vendit « le moulin avent, tournant, moulant et faisant farine » au lieu appelé le Moulin et Borderie des Moines, situé commune de Berson, pour neuf mille livres.

Jean Delbos mourut le 16 avril 1808 ; le domaine du Virou devint la propriété de sa veuve, (Mme Antoinette-Thérèse-Julie Lafargue Delbos) femme d'une haute intelligence et d'un grand cœur, qui mourut au Virou le 10 novembre 1850.

J'ai feuilleté avec curiosité le « journal pour servir au Virou, commencé le 20 décembre 1807 ». C'est surtout un journal de vendanges qui finit en 1844.

A cette époque, le Virou était loin de produire 2400 barriques de vin. Voici quelques productions :

1808... 93 tonneaux	1819... 17 tonneaux
1812... 47 »	1829... 22 »
1813... 22 »	1837... 23 »
1816... 49 »	1838... 60 »
1817... 26 »	1842... 45 »
1818... 36 »	

On faisait, d'ailleurs, de la culture mixte. En

1827, on récolte, au Virou, 21 sacs de maïs, 70 sacs de pommes de terre et 1161 gerbes de blé. En 1835, on récolte du blé et beaucoup de chanvre.

En 1807, il y a, au Virou, quatre cuves (Sophie, Emilie, Odilie et Thérèze). Une journée de jardinier vaut 16 sous. Le 28 juin 1808, on réquisitionne les chevaux, pour le transport des troupes qui vont en Espagne ; le Virou doit fournir un cheval. La même année, la viande est à vil prix ; le bœuf vaut 5 sous la livre ; le veau et le mouton, 8 sous ; par contre, la quartière de blé et méture se vend couramment 29 livres.

Voici, maintenant, un autre « journal de recettes et dépenses pour le bien du Virou » (année 1820). Recettes : 5323 fr. 69. Dépenses : 5546 fr. 86. L'année a été mauvaise.

Mme Delbos a laissé deux actes de vente (1812 et 1825). Je relève, dans le premier, ce préambule : « Napoléon, par la grâce de Dieu et la constitution de l'Etat, Empereur des Français, Roy d'Italie et protecteur de la Confédération du Rhin, à tous, présens et à venir, salut.... »

Il existe, au Virou, un vieux plan, levé en 1820, par Micheau, géomètre, qu'il est intéressant de consulter.

Mme Delbos a fait démolir entièrement le vieux monastère des Carmes déchaux, et sur son emplacement a fait édifier « la maison du Virou » qui disparaîtra à son tour en 1865 ; elle fit également construire, vers la fin de sa vie, une chapelle qui existe encore à un angle de la terrasse.

Après sa mort, en 1850, le domaine passa entre les mains d'un de ses fils, M. Sylvestre Delbos, des Ormes, né le 31 décembre 1792 et qui mourut en 1859.

En 1851, le Virou était estimé 136,000 fr., la métairie de Peyrebrune ou Belle-Brune, 20,000 fr. et la terre de Monthil, 4,000 fr.

On peut voir de nos jours, au Virou, deux plans de 1853 que M. Sylvestre Delbos fit établir. C'était un homme très distingué, d'une rare intelligence, dont je reparlerai, d'ailleurs, un peu plus loin. A sa mort, il laissa le domaine du Virou et ses deux dépendances (Belle-Brune et Montil), à son neveu M. André Delbos, le propriétaire actuel.

En 1892, M. André Delbos fit démolir la « maison du Virou », élevée par son aïeule, et bâtir sur son emplacement la maison d'habitation actuelle, qui est simple, mais de bon goût et qu'on appelle le Château du Virou.

Le domaine actuel du Virou. — M. Charles Lallemand dit excellemment dans sa brochure « Les vignobles de M. André Delbos en Gironde » :

«.. Sur les côtes du Blayais, M. Delbos possède l'étonnant domaine du Virou, gigantesque enclos de quatre-vingt-dix-sept hectares entouré par un mur de près de quatre kilomètres de longueur... Le vignoble avait été ravagé à ce point par le phylloxera que l'on put voir, pendant quelques années, ce beau domaine transformé en vacherie.

» En 1890, M. Delbos en confia la reconstitution à M. Jules Robert. Tout était à refaire. Les divisions des pièces étaient irrégulières et mal commodes pour l'exploitation ; les chemins étaient mal compris, avec des pentes et des fondrières impossibles ; sur le sommet même des croupes, il y avait des bourbiers... Il a fallu, un peu partout, niveler et drainer. Le domaine fut littéralement remué de fond en comble. Il présente aujourd'hui des croupes magnifiques, coupées par des chemins réguliers et commodes.

Le Virou est un vignoble modèle.

» Cette rénovation fait le plus grand honneur à M. André Delbos, qui n'a pas reculé devant l'énormité des sacrifices auxquels il a fallu se résoudre pour l'entreprendre.

» Il fallait à M. Delbos un « bras droit », c'est-à-dire l'homme capable de mener à bien un pareil dessein. Il l'a trouvé dans la personne de M. J. Robert, entre les mains duquel, en moins de dix années, ce domaine, anéanti par le fléau.... est devenu un vignoble rémunérateur.

» La reconstitution du vignoble, commencée en 1891, n'a pas duré moins de quatre ans. L'encépagement, judicieusement combiné, a été suivi avec méthode. Pour le vin rouge, il est composé, par tiers, de cabernet, de malbec et de merlot.

» L'on fait aussi deux vins blancs au Virou. Pour la qualité supérieure, il y a des cépages fins, le sémillon et le sauvignon, avec un faible appoint de muscadelle. La folle-blanche et le colombard constituent le vin blanc ordinaire.

» La récolte se fait avec des hottes dont le contenu est recueilli dans des tombereaux renversables, dont le type a été créé au Virou même. Au cuvier, tout est machiné selon les progrès les plus récents de la mécanique, de façon à obtenir la plus grande rapidité d'opération...

» La vendange, amenée par les tombereaux, tombe dans un bassin, d'où un distributeur répartit régulièrement le raisin dans l'égrappoir et le fouloir, les rafles étant réjetées. Le moût tombe alors dans un bassin, d'où une pompe centrifuge spéciale l'envoie dans les cuves en bois ou en ciment. Les appareils et la machinerie des cuves ont été fournis par la maison A.-C. Roy, de St-Ciers-sur-Gironde. Les cuves en bois, avec fonçage en dôme, sont aménagées pour la conservation du vin tout aussi bien que les foudres.

» L'écoulage se fait au moyen de tuyaux placés le long des cuves. Le vin est envoyé dans une citerne, où il est égalisé. De là, il est repris pour rentrer dans la cuve préparée pour sa bonne conservation. Lorsqu'il s'agit de loger le vin...., les barriques vides sont rangées dans le chai..... et elles se remplissent sans peine sur place au moyen d'un tuyautage mobile, en caoutchouc.

» La vendange blanche passe du bassin d'amener dans un pressoir continu, d'où le vin est immédiatement extrait.

» Les marcs rouges sont pris dans le cuvier, au moyen de wagonnets-tricycles, et jetés dans un bassin. Ces marcs y sont repris au moyen d'une chaîne à godets qui les verse dans le pressoir continu au sortir duquel ils retombent dans un wagonnet, qui est enlevé au-dessus des grandes cuves en ciment. Lorsque celles-ci sont remplies, le marc est arrosé au moyen de l'ingénieux tourniquet Pépin, au moyen duquel on en retire des piquettes de si belle qualité que les premières faites arrivent parfois à titrer 11°.

» Les vins rouges, récoltés au Virou, sont de qualité telle que l'on n'a pas hésité à les qualifier de 1er cru bourgeois. Ils sont corsés, de belle couleur et fort agréables au goût... Les vins blancs fins du Virou sont frais, parfumés et brillants, vrai type de vins blancs Dry, aujourd'hui si recherchés.

» Pour reconstituer un si grand vignoble, il a fallu installer des pépinières sur le domaine même. L'œuvre accomplie, les pépinières ont survécu pour servir à la reconstitution d'autres vignobles en Gironde et ailleurs. Si bien que, chaque année, quatre millions de plants sont greffés au Virou pour être vendus au dehors.

» En 1898, le domaine du Virou a obtenu la grande médaille d'or de la Société d'Agriculture de la Gironde, prix de reconstitution et de bonne culture ».

Les lignes élogieuses qu'on vient de lire ont été extraites de la revue *Les Vignobles Bordelais*, et sont signées Charles Lallemand, un maître en la matière.

Je ne suis qu'un profane en viticulture et j'ajouterai peu de chose à l'étude si documentée et si belle de Charles Lallemand.

Du plan dressé en 1898 par M. Grenier, géomètre à Saint-Genès, il résulte que les vignes occupent environ soixante-six hectares, les prairies cinq hectares, les bois et garennes onze hectares.

Production. — La production annuelle est d'environ cinq cents tonneaux. En 1905, M. André Delbos a récolté au Virou quatre cent soixante-cinq tonneaux de vin rouge, dix tonneaux de vin blanc sémillon et sauvignon et quarante-cinq tonneaux de blanc ordinaire. — Total : cinq cent vingt tonneaux.

Le domaine du Virou a mille quatre-vingts mètres de longueur et neuf cent quarante mètres de largeur.

Le cuvier. — *Les chais.* — Le cuvier, spacieux et admirablement agencé, contient dix foudres en bois, écoulant chacun cent barriques, six foudres cubiques en ciment, écoulant quatre-vingt-dix barriques, et six cuves à vin blanc ; les chais sont immenses et peuvent contenir trois mille barriques. Lors de ma dernière visite au Virou, il y en avait deux mille cinq cents ; ces barriques, encarrassées et alignées en rangs pressés comme des soldats à la parade, ces fûts rebondis et ventrus qui contiennent le « divin piot » chanté par Rabelais, produisent sur l'œil une impression saisissante ; si ce n'est pas du soleil en bouteilles, c'est du soleil en barriques, et l'on pense à la gloire du vin, qui réjouit les cœurs et fait la richesse de notre belle Gironde.

Les domaines de M. André Delbos. — M. André Delbos est un grand propriétaire ; il possède également dans la Gironde : 1º Le château de Lanessan, acheté sous la Révolution Française, par son aïeul Jean Delbos, et situé en Médoc, commune de Cussac. Château magnifique et imposant, entouré d'un vignoble de soixante hectares, qui produit trois cent cinquante tonneaux de vin rouge et quinze tonneaux de vin blanc ; 2º le cru Fort-Médoc, beau vignoble de palus de vingt hectares, qui produit deux cents tonneaux de vin rouge ; 3º le château Veyrin-Domecq, commune de Listrac-Médoc, qui produit environ cent vingt tonneaux.

En somme, les quatre vignobles de M. André Delbos produisent en moyenne onze cent soixante tonneaux, soit quatre mille six cent quarante barriques de vin. Il faut savoir gré à M. Delbos, un Parisien, de son amour éclairé pour la terre et la vigne. Il n'a pas hésité, particulièrement au Virou, à dépenser sans compter des centaines de mille francs pour reconstituer son vignoble. M. Delbos a ainsi donné le bon exemple aux viticulteurs de ce pays. D'ailleurs, la vieille terre française, riche et généreuse, n'est pas ingrate ; elle récompense toujours royalement ceux qui l'aiment et la cultivent. Et le château du Virou, grâce à l'énergique impulsion et à l'intelligente administration de son régisseur, M. Jules Robert, rémunère largement aujourd'hui son propriétaire des grands sacrifices qu'il a faits.

LA FAMILLE DELBOS

Généalogie des Delbos. — C'est une très vieille famille, originaire de Dommes, en Périgord, petite ville pittoresque, bâtie au XIIIᵉ siècle, sur un rocher à pic, dominant la Dordogne. Une porte du XIVᵉ siècle a encore le nom de porte Delbos. Dans les archives paroissiales de Dommes, on trouve : Etienne Delbos, né en 1646, mort en 1731 ; Jean Delbos, né en 1670, mort en 1743 ; autre Jean Delbos, né en 1701, mort en 1737, tous trois bourgeois et marchands, et probablement parents. A la même époque vivait Mondon Delbos, notaire royal et juge de Gajac, en Périgord, en 1696.

Jean Delbos, bourgeois et marchand, né en 1670, eut pour fils Jean - Baptiste Delbos, né à Dommes, en 1707, mort à Bordeaux en 1793 et qui épousa Jeanne Maure. De ce mariage naquirent huit enfants : Géraud, né en 1743, mort de la suette, à Dommes en 1789 ; Jean, né en 1744, mort en 1753 ; Jeanne, née en 1746 ; Jacques, né en 1747, mort à Bordeaux en 1788 ; Raymonde, née en 1750 ; Jean-Baptiste, né en 1753 ; autre Jean-Baptiste, né en 1755, mort en bas âge ; Marie-Antoinette, née en 1757.

Ce Jean Delbos avait un cousin, Jean Delbos, marié à Jeanne Descourre, qui eut pour fils Jean-Jacques Delbos, sieur de Bonnery ; une cousine : Marie-Toinette Delbos, qui épousa Jean de Malleville, marchand et bourgeois à Dommes.

Jacques Delbos, né en 1747, vint habiter Bordeaux en 1765 ; son frère Jean-Baptiste l'y suivit en 1770. Très intelligents, nés pour les affaires, les deux frères firent fortune et devinrent négociants-commissionnaires en vins. Jacques allait épouser Julie Lafargue, dont le père était membre du Parlement, quand il mourut subitement en 1788. Ce fut son frère qui l'épousa en 1789.

Antoinette-Thérèze-Julie était fille de messire Louis-Armand Lafargue, conseiller du Roy, et de dame Elisabeth-Julie Cayla. Jean-Baptiste, en 1789, est un « bourgeois vivant noblement ». Il est électeur aux Etats-Généraux et fait partie des trois cent vingt et un bourgeois bordelais qui ont le droit de voter.

Jean-Baptiste Delbos eut dix enfants : Elisabeth-Julie, née en 1790, mariée en 1810 à André-Delphin de Vergniol ; Louis Delbos, né en 1791 (16 décembre) ; Jean-Baptiste-Sylvestre Delbos, né en 1792 ; François-Félix Delbos, né au Virou en 1794; Elisabeth, née au Virou en 1796, mariée à de Laborie ; Jean-Baptiste-Théodore, né en 1798; François-Adolphe, né en 1800 : Louis Henri, né en 1803 ; Elisabeth-Odilie, née en 1805, mariée à Vignes ; Jean-Baptiste-Charles, né en 1807.

Jean-Baptiste Delbos (plus connu sous le nom de Jean Delbos), fut arrêté à Bordeaux sous la Terreur et emprisonné. Sur les ordres de Tallien et d'Yzabeau, dans la nuit du 29 au 30 novembre 1793, deux cents négociants bordelais (parmi lesquels Jean Delbos), coupables du crime de négociantisme, furent arrêtés comme agioteurs et accapareurs et jetés en prison. Quarante furent guillotinés ; cent vingt-quatre furent condamnés à des amendes s'élevant au total à six millions neuf cent quarante mille trois cents livres.

Dans sa « Biographie de famille », Sylvestre Delbos raconte que son père Jean, « sorti de

prison grâce au dévoûment de son ami Gram-
mont, se cacha à Saint-André-de-Cubzac, puis à
La Bastide, avec sa femme, chez une tante, et
s'embarqua sur un navire de Lubeck pour aller
se faire oublier au Virou, récemment acheté ».

Sylvestre Delbos fait également un délicat et
touchant éloge de sa mère, Mme Jean Delbos, née
Lafargue. « Sa jeunesse de fille se passa dans le
culte de la famille et de la religion ». C'était une
femme d'un esprit cultivé et distingué. « Son
mari, confiant dans la rectitude de son jugement,
lui communiquait fréquemment ses vues et ses
projets. Il finit par l'initier à ses affaires et
prenait son avis en grande considération. Elle
était son ange tutélaire et ne le quittait jamais.
Tantôt, elle relevait son courage abattu par
d'inévitables pertes, tantôt, elle réprimait l'essor
de son ambition et le ramenait dans la voie de la
prudence ; elle apaisait la vivacité de son carac-
tère, elle charmait parfois ses loisirs au son de
la harpe, qu'elle cultivait avec succès ».

Beaucoup de négociants avaient sombré pendant la tourmente révolutionnaire. Plus heureux,
Jean Delbos résista et fit de brillantes affaires
sous le Consulat. Il n'avait qu'un défaut, refréné,
d'ailleurs, par sa femme : l'amour du jeu, passion
ruineuse, qui, alors, était universelle dans la
bourgeoisie.

Jean Delbos, « négociant en vins et banquier,
façade des Chartrons, 8 », mourut en 1808 ; il

était conseiller municipal et membre de la Chambre de commerce.

Mme veuve Delbos dirigea vaillamment la maison de commerce de son mari et ses propriétés du Virou et de Lanessan, géra ses nombreux immeubles et surveilla l'éducation de ses dix enfants. Ce fut une mère modèle. « Elle était admirable de sagesse et de douceur, dans la répression des écarts de jeunesse dont ses fils ne furent pas exempts » (*Biographie de famille*, par Sylvestre Delbos).

Elle eut deux bons conseillers : 1° Ravez, avocat, puis député, conseiller d'Etat et président de la Chambre des députés jusqu'en 1829, pair de France, etc., mort en 1849 ; 2° Maydieu. ami de son mari, conseiller municipal de Bordeaux, sous l'Empire.

Puis elle est aidée par ses trois fils : Louis, Sylvestre et Félix. Sous la Restauration, la maison de commerce Veuve Delbos et fils, des Chartrons, est florissante et fait des affaires d'or. Elle a une succursale à Saint-Pétersbourg, un comptoir à Odessa ; elle a des relations avec Hambourg, l'Asie, le Pérou et le Chili.

Le commerce bordelais, ruiné sous l'Empire (surtout à partir du blocus continental), était très florissant pendant la Restauration et la Monarchie de Juillet. Sous ce dernier régime, la maison Delbos était l'une des plus importantes de Bordeaux et faisait de nombreuses affaires avec

Hambourg, les Etats-Unis, l'Angleterre et la Rus-
sie. Elle avait huit navires, dont l'un s'appelait
Les-Sept-Frères ; elle vendait des vins fins du
Médoc, notamment des « Château-Margaux ».

Mme Delbos avait un salon qui était très
renommé à Bordeaux. Pieuse et bienfaisante, elle
fonda de nombreuses œuvres. En 1849, elle se
retira au Virou, où elle mourut en 1850, après
avoir fait beaucoup de bien. Il existe actuellement, au château du Virou, une lithographie de
Mme veuve Delbos, un portrait à l'huile et un
buste en marbre blanc.

Les fils de Mme Delbos. — Des sept fils de
Mme Delbos, trois se marièrent et eurent des
enfants :

a). Louis Delbos, l'aîné des sept fils, né en décembre 1791 ; dès 1815, il aide sa mère et nous
le retrouvons à Londres.

Associé à la maison, en 1817 ; juge suppléant
au tribunal de commerce en 1823 ; fonde en 1832
une maison de clientèle bourgeoise ; propriétaire
du château de Lanessan ; mort le 11 novembre
1860. De son premier mariage, en 1820. avec
Mlle Clémentine Maydieu, il eut une fille, morte
à cinq mois, en 1820, et un fils, Edouard Delbos,
né en 1824, mort en 1847. De son second mariage avec Mlle Anne Camin, il a eu trois enfants:
Julie, née en 1849, mariée à M. l'amiral Vignes ;
André Delbos, né en 1851, marié à Mlle Thomas:

Charlotte, née en 1851, mariée à M. Théophile Dubos.

M. André Delbos, de Paris, a quatre filles : Mlle Anne, qui a épousé M. le baron de Champchevrier ; Mlle Jeanne, qui a épousé M. le baron Alain de Montesquieu ; Mlle Alice, qui a épousé M. le vicomte du Soulier ; Mlle Marie-Louise, non mariée.

b). François-Félix Delbos, né au Virou, en 1794 ; associé à la maison-mère, puis chef réel de la maison en 1842 ; membre de la Chambre de commerce ; mort en 1845. A épousé Mlle Caze en 1833. De ce mariage, sont nés cinq enfants : Lydie, épouse Thomas ; Nathalie, épouse Balaresque ; Berthe, épouse Maitre ; Clotilde, épouse Nartigue ; Armand Delbos.

c). Jean-Baptiste-Théodore Delbos, né en 1798 : avocat puis conseiller à la cour ; démissionnaire en 1845, pour diriger la maison-mère ; consul du Saint-Siège en 1851 ; renonce aux affaires en 1856. De ce fait, la maison Delbos disparaît après plus d'un demi-siècle d'honneur, de probité et d'affaires brillantes. Mort à Paris en 1858. A épousé Mlle Fabre ; de cette union naquirent quatre enfants : Jenny, morte en bas-âge ; Octavie, mariée à M. Ravot ; Antoinette, mariée à M. Maroussem ; Gabrielle, mariée à M. Lagardère.

Des sept fils de Mme Delbos, quatre moururent célibataires :

Jean-Baptiste-Sylvestre (des Ormes), né en

1792; licencié en droit; associé de sa mère; grand négociant ; président du tribunal de commerce ; membre de la chambre de commerce de Bordeaux ; chevalier de la légion d'honneur ; propriétaire du Virou ; mort en 1859.

François-Adolphe, né en 1800 ; fonde en 1836 une raffinerie de tartres, à Bacalan ; mort à Paris en 1865.

Henri, né en 1803 ; directeur, en 1838, de la succursale de Saint-Pétersbourg ; mort en 1857.

Jean-Baptiste-Charles, né en 1807 ; dirige la maison-mère ; juge suppléant au tribunal ; mort en 1856.

Portraits et souvenirs de famille. — M. André Delbos possède au Virou plusieurs beaux portraits, qui forment comme une petite galerie d'ancêtres.

D'abord trois pastels : son grand-oncle Gérard Delbos (1743-1789) ; un autre grand-oncle Jacques Delbos (1747-1788), pastel, de 1845, de Mlle Amélie Faux, sur un portrait à l'huile de 1774 ; son grand-père Jean-Baptiste Delbos, dit Cap de Lion (1753-1808), pastel de Mlle Faux, de 1845, d'après un portrait à l'huile de 1775. Derrière le cadre, on lit cet autographe de Sylvestre Delbos :

« Bordeaux, le 23 Juin 1845.
» Aimable et chère cousine,
» Pour vous prouver mon contentement, je

vous envoie deux autres portraits à copier et à faire encadrer comme le dernier.

» L'habit noir est Gérard Delbos l'aîné qui a noblement dépensé la grosse fortune paternelle. L'habit rouge est Jacques Delbos Laforèt qui l'a rétablie ; Jean Cap de Lion (que vous m'avez livré) l'a recueillie avec la main de ma mère. Ma mère l'a conservée et augmentée. Ainsi, quatre figures symboliques pour nous que vous aurez reproduites : Dissipation — Habileté — Honneur — Sagesse. »

Au salon, à côté du buste, du portrait à l'huile et de la lithographie de Mme Delbos (la grand'mère), dont j'ai parlé, on remarque également deux autres portraits : Sylvestre Delbos et Henry Delbos.

M. André Delbos a pieusement conservé, au Virou, des meubles de famille anciens et d'une grande valeur (vieux fauteuils, lit de milieu à colonnes torses, vieilles armoires, etc.). Il faut noter aussi de vieilles et belles faïences et un plan de Bordeaux du XVIIe siècle, précieux à consulter. La bibliothèque est très belle et comprend des centaines de volumes richement reliés.

Ce qui reste de l'ancien monastère des Carmes déchaussés. — J'ai visité, à plusieurs reprises, le Virou, en poète et en historien. J'ai été séduit par le magnifique paysage qui se déroule du haut de la terrasse située au centre du domaine, à soixante-huit mètres d'altitude. J'ai recherché surtout les vestiges du passé ; malheureusement, ils sont bien rares. Du « Très Saint-Dézert du Vuirou » des révérends pères Carmes déchaux, il ne reste presque rien, en dehors des murs d'enceinte du domaine, qui ont été bâtis par les moines.

Cependant, on remarque : les armes du duc de Simon, gouverneur de Blaye, au-dessus de la porte du Montil ; un vieux puits, très profond ; un vieux mur intérieur dont j'ai déjà parlé ; un souterrain ; le moulin des moines.

Le souterrain.— Au temps jadis, tout château, tout monastère, possédait son souterrain. Le « Saint-Dézert », avait donc le sien qui, du reste, existe encore. Il est creusé dans du tuf, dur comme de la pierre, et peut avoir cinquante mètres de longueur ; primitivement, il était beaucoup plus long, mais il a été bouché et sert aujourd'hui de cave à vin.

Ce souterrain servait autrefois de cachot aux moines qui avaient enfreint la discipline ou la règle de l'ordre. M. Jules Robert m'a montré la pierre cylindrique sur laquelle les moines s'asseyaient dans le souterrain quand ils étaient au pain sec et à l'eau et condamnés au régime du silence, de la diète et de l'obscurité. Je me suis assis, à mon tour, sur cette pierre haute et froide ; on y est très mal, je vous l'assure, et je plains les pauvres Carmes déchaux qui ont fait connaissance avec elle avant moi....

Quant au joli moulin des Moines, vendu en 1799, par Jean Delbos, pour neuf mille livres, il n'en reste plus que le souvenir ; depuis longtemps, le joli moulin des Moines n'offre plus son aile au vent et ne vire plus. Le joli moulin des Moines s'est écroulé sous le poids des ans et ses vieilles pierres ont été dispersées. Mais, il a donné son nom à un petit village de quatre-vingts mètres d'altitude, et l'on parlera longtemps, à la veillée, du joli moulin des Moines, du joli moulin « avent, tournant, moulant et faisant farine ». Hélas ! le joli moulin des Moines est mort.

Tout cela, c'est le passé, le passé à jamais évanoui. Du vaste monastère du Virou, il reste surtout le souvenir, et si les révérends pères pouvaient ressusciter et se réincarner, selon la doctrine philosophique si chère aux spirites, je doute fort, qu'une fois le mur franchi, ils reconnaîtraient leur solitude, leurs ermitages et leur « Saint-Dézert » dans le beau domaine du Virou de 1906.

Tout change, tout se métamorphose et se transforme ; c'est le progrès, et l'évolution est indéfinie.

En terminant, j'adresse un cordial merci à M. André Delbos, qui a bien voulu m'ouvrir toutes grandes les portes du Virou et me communiquer, avec une exquise courtoisie, ses archives précieuses et intéressantes. Je le remercie et le félicite en même temps d'avoir fait du gigantesque enclos du Virou un vignoble modèle et magnifique, qui est universellement admiré dans le Blayais et dont le nom seul évoque tant de souvenirs lointains.